SCOOBY-DOO!™

KSIĘGA KOMIKSÓW

SPIS TREŚCI

Komiksy

Mamy sprawę!

Z akt Tajemniczej Spółki

MSZ
www.msz.com.pl

Redaktor prowadząca: **Dorota Chojnowska**
Grafik: **Tomasz Demidowicz**
Korekta: **Dagmara Powolny**
Kierownik redakcji: **Edyta Wielgosz**
Redaktor naczelna: **Izabella Sieńko-Holewa**

Reklamacje prosimy kierować na adres: reklamacje@msz.com.pl. W temacie maila prosimy wpisać tytuł reklamowanej publikacji.

CZEGO TO LUDZIE NIE WYMYŚLĄ!
CZEGO TO LUDZIE NIE WYMYŚLĄ!
RETY... TO NIESAMOWITE!
NIEWIARYGODNE! TYLKO NIE MÓWCIE, ŻE WIERZYCIE W TE BUJDY!
WIADOMOŚCI
PLOTKI® NIE Z TEJ ZIEMI
„Decydujemy o tym, co jest prawdą!"
„Adoptowałam kosmiciątko!"
TO CHŁOPIEC!
Gorąco ci? Chcesz się odświeżyć? Wykąp się, gdzie chcesz, dzięki...
Czy w twoim domu żyją duchy? POKAŻEMY CI, JAK TO SPRAWDZIĆ!
PAUL KUPPERBERG SCENARIUSZ
FABIO LAGUNA ILUSTRACJE
HERIOC AGE KOLOR

TO, ŻE ŻADEN DUCH, POTWÓR ANI KOSMITA, KTÓRYCH SPOTKALIŚMY, NIE BYŁ PRAWDZIWY...
...MOŻE OZNACZAĆ TYLKO, ŻE NIE TRAFILIŚMY JESZCZE NA AUTENTYK!
WŁAŚNIE!
O RAJU!
WYBACZCIE, ŻE MAM OTWARTY UMYSŁ!
PLOTKI NIE Z TEJ ZIEMI
WIELKA STOPA UCZY OSZCZĘDZAĆ! ŻADEN UMYSŁ NIE JEST DOSTATECZNIE OTWARTY, ŻEBY TO KUPIĆ!
PLOTKI NIE Z TEJ ZIEMI
KASYNO DLA PSÓW W LAS VEGAS
CIEKAWE, DLACZEGO WYDAWCA CHCE SIĘ Z NAMI SPOTKAĆ? CHYBA WIE, ŻE NIE WIERZYMY W TE BZDURY!
DLATEGO WŁAŚNIE JESTEŚCIE MI POTRZEBNI...
...ŻEBYŚCIE JAKO SŁYNNI OBALACZE MITÓW O DUCHACH, ZWERYFIKOWALI NAJBARDZIEJ NIESAMOWITĄ HISTORIĘ XXI WIEKU!
TO MUSI BYĆ PAN TRUSDALE!
EVERETT T. TRUSDALE, DO USŁUG!
BEZ URAZY, ALE WIĘKSZOŚĆ HISTORII W PAŃSKIEJ GAZECIE JEST NIEDORZECZNA I...
HA! I TU SIĘ MYLISZ, FRED...

CIĄG DALSZY NA STRONIE 9

Z AKT TAJEMNICZEJ SPÓŁKI

WSZYSTKO O SCOOBYM

Wydaje ci się, że znasz Scooby'ego? Oj, chyba się mylisz!

Jego pełne imię brzmi Scoobert „Scooby" Doo. Jeden z twórców serialu – Fred Silverman – usłyszał je w refrenie piosenki Franka Sinatry „Strangers In The Night". Tekst brzmiał następująco: doo-be-doo-be-doo.

Scooby zje wszystko oprócz... małży!

Scooby-Doo to dog niemiecki.

Urodził się w 1969 roku, czyli 47 lat temu. A że każdy psi rok jest jak ludzkie 7 lat, nasz bohater liczy sobie obecnie 329 wiosen!

Scooby jest jedynym na świecie psem, który posiada prawo jazdy.

Rysownik Iwao Takamoto, zanim przystąpił do tworzenia postaci Scooby'ego, porozmawiał z hodowcą dogów niemieckich. Od niego dowiedział się, jak powinien wyglądać idealny pies tej rasy, a potem wszystko narysował odwrotnie.

Psiak je średnio 6 scooby-chrupek na odcinek. Nic dziwnego, że głodomór musi się dopychać pizzą!

DETEKTYWI BEZ TAJEMNIC

Oto kilka niezwykle tajnych informacji o pozostałych członkach Tajemniczej Spółki.

IMIĘ: KUDŁATY

POUFNE

Uwielbia pizzę i komiksy, nie znosi potworów, a szczególnie klownów. A jeśli już musi pokonać swą niechęć i tropić maszkary, najchętniej zagląda do kuchni i spiżarni. Do mistrzostwa opanował sztukę panicznej ucieczki.

IMIĘ: DAPHNE

POUFNE

Pracowita dziewczyna. Gdy nie ściga potworów, robi wpisy na vloga modowego. Ale jeśli myślisz, że Daphne jest lalunią, to grubo się mylisz. Dziewczyna posiada czarny pas w karate, a swoimi przyborami kosmetycznymi może otworzyć niejedne drzwi do zamku pełnego potworów.

IMIĘ: FRED

POUFNE

Nie ma ducha, na którego Fred nie potrafiłby zastawić skutecznej pułapki! Jak większość chłopaków uwielbia samochody. Jego oczkiem w głowie jest Wehikuł Tajemnic. To właśnie Fred regularnie podnosi jego wartość bojową.

IMIĘ: VELMA

POUFNE

Velma to typ naukowca. Niewiele robi sobie z najnowszych trendów w modzie. Jej znakiem rozpoznawczym są staromodne okulary w rogowej oprawie. Rekwizyt ma tajemniczą właściwość – ile razy upadnie na ziemię, na scenę wkracza jakiś potwór.

Z AKT TAJEMNICZEJ SPÓŁKI

KTO TO POWIEDZIAŁ?

Przetestuj swoją wiedzę o serialu. Odgadnij, który z bohaterów wypowiedział każdą z kwestii.

1. Hej, Scooby, dokąd pędzisz? Beze mnie?!
a) Kudłaty
b) Velma
c) Fred

2. O rety, kotlety!
a) Fred
b) Daphne
c) Scooby-Doo

3. Szkoda, że musimy nosić kaski. Te uklepane włosy...
a) Fred
b) Daphne
c) Velma

4. Czy masz wyniki naszego testu? Czysta ciekawość, nie to, żeby mi zależało na punktach...
a) Velma
b) Fred
c) Kudłaty

5. Potwór idzie po nas! W sobotę też tak było!
a) Fred
b) Kudłaty
c) Daphne

6. Rozdzielmy się. Daphne i Velma pójdą ze mną.
a) Fred
b) Kudłaty
c) Scooby-Doo

7. Co romantycznego jest w umarlakach kimających w trumnach?
a) Kudłaty
b) Fred
c) Daphne

8. Dobrze, że zabrałem ten wielki lep na muchy!
a) Kudłaty
b) Scooby-Doo
c) Fred

9. Co to za czasy, że już nigdzie nie można się bezpiecznie ukryć!
a) Velma
b) Kudłaty
c) Fred

SCOOBY-OFERMA
1-3 poprawne odpowiedzi
Masz spore zaległości! Wygląda na to, że przed serialem uciekasz tak jak Kudłaty i Scooby przed potworami.

SCOOBY-ADEPT
4-6 poprawnych odpowiedzi
Twoja wiedza na temat bohaterów serialu jest imponująca. Co nie znaczy, że nie może być lepiej. Obejrzyj jeszcze jeden film z przygodami Scooby-Doo i jego przyjaciół, a może osiągniesz mistrzostwo.

SCOOBY-EKSPERT
7-9 poprawnych odpowiedzi
Brawo! Masz taką wiedzę, że możesz spokojnie wystąpić w najbliższym filmie z serii „Scooby-Doo". I to nie w roli statysty!

Rozwiązania:
1a, 2c, 3b, 4a, 5b, 6a, 7a, 8c, 9b.

„...POZA NASZYM REDAKTOREM DAWIDEM SEGALEM!"
NIE WIERZĘ, ŻE SIĘ ZGODZILIŚMY...
MOTEL
...POMÓC IM W TYM PRZEKRĘCIE!
MAMY TYLKO POZNAĆ PRAWDĘ, A PAN TRUSDALE PRZEZNACZY 10 000 $ NA KONTO WYBRANEJ PRZEZ NAS FUNDACJI.
TEGO JUŻ ZA WIELE! POKÓJ NUMER 13!
PAMIĘTAJCIE... MUSIMY MIEĆ OTWARTE UMYSŁY!
13
PUK
PUK
SZYBKO! WCHODŹCIE, ZANIM WAS ZOBACZĄ!
RETY!
WYBACZCIE... MUSZĘ BYĆ OSTROŻNY!
PAN MUSI BYĆ DAWIDEM SEGALEM!
CZY COŚ PANU GROZI?

NIE JESTEM PEWIEN... ŚLEDZONO MNIE, ALE ZGUBIŁEM TYCH TYPÓW!
MÓJ KUMPEL SŁUŻY W WOJSKU, JEGO JEDNOSTKA ZNALAZŁA UFO... WIDZIELIŚCIE ZDJĘCIE, KTÓRE MI WYSŁAŁ...
...KTOŚ MUSIAŁ SIĘ O TYM DOWIEDZIEĆ, BO SZUKAŁ MNIE PORUCZNIK SŁUŻB SPECJALNYCH!
NA SZCZĘŚCIE NIE BYŁO MNIE W DOMU, ALE PAN TRUSDALE KAZAŁ MI ODSZUKAĆ KOSMITĘ!
TO DLA NIEGO BARDZO WAŻNE... GAZETA TRACI CZYTELNIKÓW... WIELU I SZYBKO...
...A JEGO RODZINA CHCE ZAMKNĄĆ INTERES! TAKA HISTORIA MOGŁABY GO URATOWAĆ!
LECZ JEDYNE, CO PISZĘ, TO BAJKI O KASYNACH DLA PSÓW, A NIE... HĘ?!
PANIE SEGAL? WIEM, ŻE PAN TAM JEST!
PUK PUK
JUŻ PO MNIE! ZNALEŹLI MNIE!
TĘDY! MAM TUTAJ DRUGIE WYJŚCIE, TAK NA WSZELKI WYPADEK!
ALE KTO PANA SZUKA?

CIĄG DALSZY NA STRONIE 14

MAMY SPRAWĘ!

PIRAMIDALNA AFERA

Mumie znowu wydostały się na wolność. Przyjrzyj się tej scenie i postaraj zapamiętać jak najwięcej szczegółów. Masz na to minutę. Następnie zasłoń ten obrazek i odpowiedz na pytania z sąsiedniej strony.

CZAS
NA TEST

ZAZNACZ WŁAŚCIWĄ ODPOWIEDŹ ✓

ILE JEST MUMII?

4 5 6

a) ☐ b) ☐ c) ☐

CZEGO BRAKUJE NA OBRAZKU?

a) ☐

b) ☐

c) ☐

JAKĄ MINĘ MA SCOOBY?

a) ☐

b) ☐

c) ☐

GDZIE CHOWA SIĘ WĄŻ?

a) ☐ w kieszeni Kudłatego

b) ☐ za skalną ścianą

c) ☐ jest zakopany w piasku

CO ROBI FRED?

a) ☐ wspina się na skalną ścianę

b) ☐ tropi ślady mumii

c) ☐ nie ma go na obrazku

PUNKTACJA

☐ /5 PKT

WKRÓTCE...
PODOBNO WIE PAN, GDZIE SZUKAĆ KOSMITY. CZY TO TUTAJ?
TO NIE DO KOŃCA PRAWDA, KUDŁATY...
...ALE ZNAM KOGOŚ, KTO ZNA KOGOŚ, KTO WIE, GDZIE GO MOŻNA ZNALEŹĆ!
JEST PAN PEWIEN?
OD DAWNA NIE PARAŁEM SIĘ REPORTERKĄ, LECZ... TAK! UFAM TYM LUDZIOM.
BUZZ
BUZZ
ZASZLIŚMY JUŻ TAK DALEKO...!
DAWIDZIE... SPÓŹNIŁEŚ SIĘ! ZACZYNALIŚMY SIĘ MARTWIĆ...
MIELIŚMY PO DRODZE MAŁE TRUDNOŚCI. TO RYAN I DEB TRAIN-OROWIE, O NICH WAM MÓWIŁEM!
PAN SEGAL TWIERDZI, ŻE WIECIE COŚ O KOSMICIE...
I TO NIEMAŁO! TA MASZYNA NIEMAL NAS NIE ZABIŁA!
TO NIE TAK, RYAN. ROZBILIŚMY OBÓZ W LESIE...
„...I JUŻ MIELIŚMY KŁAŚĆ SIĘ SPAĆ..."

„...KIEDY USŁYSZELIŚMY NA ZEWNĄTRZ SZELEST. NA POCZĄTKU MYŚLELIŚMY, ŻE TO JAKIEŚ ZWIERZĘ".
„... LECZ TO, CO ZOBACZYLIŚMY, NIE BYŁO ZWIERZĘCIEM ANI CZŁOWIEKIEM!"
WYSTAWIŁAM KOMÓRKĘ Z NAMIOTU I ZROBIŁAM TO ZDJĘCIE.
RETY!
ALE NA WŁASNE OCZY PANI TEGO NIE WIDZIAŁA?
BYLIŚMY PRZERAŻENI! LECZ WIEMY, ŻE...
PRZEPRASZAM...
...MAMY TOWARZYSTWO!
MUSIELI NAS ŚLEDZIĆ.
W DRUGIM NAMIOCIE BYŁ MÓJ PRZYJACIEL WARREN WALLACE.

WARREN POSZEDŁ ZA TYM STWORZENIEM I WIE, GDZIE SIĘ SCHOWAŁO...
JEŚLI NAS TAM ZAPROWADZI, BĘDZIEMY MIELI DOWÓD!
HEJ, DZIECIAKI... STÓJCIE!
RETY! BIEGNIE JAK TORPEDA!
TO GO NIECO SPOWOLNI!
ROZKAZUJĘ WAM... OOOCH!
ŁUP
CHWILĘ PÓŹNIEJ...
NA SZCZĘŚCIE MAM PRZY SOBIE KOMÓRKĘ! WARREN WALLACE MIESZKA NIEDALEKO...
...GPS NAS POKIERUJE! SPRAWDZIŁAM, ŻE WALLACE NIE JEST POWIĄZANY Z ŻADNYMI KLUBAMI UFO...
TO TUTAJ!
A TO MUSI BYĆ ON!

CIĄG DALSZY NA STRONIE 20

MAMY SPRAWĘ!

UPIORNA LOTERIA

Detektywi trafili na statek widmo. Muszą zwiewać co sił w śrubie motorówki. Niestety kapitan Zombi zabrał kluczyk do stacyjki. Kto ma tym razem posłużyć za przynętę – Scooby czy Kudłaty? Żaden się nie garnie, więc Fred zarządził loterię.

Wyszukaj przedmioty umieszczone na liście wskazówek i zapisz, ile ich widzisz na obrazku.
kotwica
butelka rumu
lina okrętowa
kamień
tablica informacyjna
beczka śledzi
mieszek z talarami
NASTĘPNIE PODLICZ JE WSZYSTKIE. JEŚLI WYJDZIE LICZBA PARZYSTA, PRZYNĘTĄ ZOSTANIE SCOOBY, JEŚLI NIEPARZYSTA – KUDŁATY.
WYSPA PIRATÓW
NIEPARZYSTA
PARZYSTA

WIDZISZ COŚ, KUDŁATY?
TYLKO WŁASNE ŻYCIE PRZELATUJĄCE MI PRZED OCZAMI! NAWET JEŚLI KOSMITA TU BYŁ, TO CHYBA...
...JEST... JEST... JEST...
...ON TAM JEST!!!
RETY... OOOCH!
ŁUPS
PAMPFF
WIEDZIAŁEM, ŻE MNIE DOPROWADZICIE DO... HĘ?!
JESTEŚ PEWIEN, ŻE COŚ WIDZIAŁEŚ, KUDŁATY?
TEN BŁYSK TO KOSMITA TELEPORTUJĄCY SIĘ W BEZPIECZNE MIEJSCE. A BYŁO JUŻ TAK BLISKO...
NIUCH, NIUCH! ZARAZ... TEN ZAPACH! TO PYŁ ALUMINIOWY... MAGICZNY PROSZEK BŁYSKOWY!
I WIECIE CO JESZCZE...

MÓJ DZIADEK TEŻ MIAŁ TAKIE ZA WOJNĘ W KOREI... 40 LAT PRZED PAŃSKIMI NARODZINAMI.
ZAUWAŻYLIŚCIE, ŻE JEGO SAMOCHÓD NIE MA MILITARNYCH OZNACZEŃ?
O CZYM WY MÓWICIE?!
CHYBA PAN WIE. TEN CAŁY POŚCIG TO USTAWKA?
CO? NIE, JA NIGDY!
PAN MOŻE NIE...
...ALE PAN WALLACE TAK... RAZEM Z WUJKIEM EVERETTEM TRUSDALE'EM!
ALE SKĄD WY...?!
KIEDY SPRAWDZAŁAM PAŃSKI ADRES W INTERNECIE, DOWIEDZIAŁAM SIĘ, ŻE PAŃSKA MAMA TO JEGO SIOSTRA!
TO PRAWDA! POWIEDZIAŁEM MU, ŻE JADĘ NA KEMPING, A ON WYMYŚLIŁ TĘ HISTORIĘ...
...OD DMUCHANEGO „KOSMITY" PO WYNAJĘTEGO AKTORA, KTÓRY NAS ŚCIGAŁ...
...WSZYSTKO PO TO, ŻEBY ZWIĘKSZYĆ SPRZEDAŻ I UKRYĆ FAKT, ŻE PRZEZ LATA TRWONIŁ RODZINNE PIENIĄDZE NA UTRZYMANIE GAZETY. ZABAWNE, ŻE...
...SPRAWY POTOCZYŁY SIĘ ZUPEŁNIE ODWROTNIE!
GDYBY NIE WY I WASZ PIES, NIGDY NIE ODKRYŁBYM PRAWDY I NIE AWANSOWAŁ NA JEGO STANOWISKO! DZIĘKI!
NEWS
„WYDAWCA TRUSDALE ARESZTOWANY"
NIE MA ZA CO!
KONIEC

Z AKT TAJEMNICZEJ SPÓŁKI

POTWORNE ARCHIWUM

Detektywi mają niezwykłe szczęście do potworów. Oto kilka z nich.

3.

5.

MUMIA

Jej ulubionym sezonem jest lato. Wtedy opuszcza piaski egipskiej pustyni i chłodzi się w Kryształowym Zdroju. Dlatego spokojnie możesz jechać na wakacje do Egiptu. Mumii raczej tam nie ma – najprawdopodobniej ściga Scooby'ego.

YETI

Legendarny stwór zamieszkujący Himalaje. Od czasu do czasu odwiedza jednak Kryształowy Zdrój. Zazwyczaj w okolicach Gwiazdki. Prawdopodobnie korzysta z podwózki saniami Świętego Mikołaja. Oczywiście na gapę!

6.

ZOMBI

Trudno powiedzieć, czy potwór jest bardziej żywy, czy bardziej zmarły. Z całą pewnością można jednak orzec – ma niezdrową cerę. I to go zdradza na ulicach Kryształowego Zdroju. Dlatego detektywi bez większego problemu go namierzają i demaskują.

FRANKENSTEIN

Potwór tak naprawdę powstał w Polsce – w Ząbkowicach Śląskich, ale dość szybko wyemigrował do USA. I dobrze, bo wtedy jego międzynarodowa kariera ruszyła z kopyta. Człowiek pozszywany przez szalonego doktora Frankensteina regularnie gości w magazynie „Scooby-Doo!" i filmach z przygodami detektywów.

WILKOŁAK

Pół człowiek, pół wilk. Zazwyczaj transformacja dokonuje się podczas pełni księżyca. No chyba że wilkołak postanowi zrabować jakiś bezcenny naszyjnik z muzeum. Wtedy wiadomo – nie może czekać!

KOSMITA

Potwór zazwyczaj planuje kolonizację Ziemi. Jednak pechowo dla siebie na ogół wpada na piątkę detektywów, no i jak się domyślasz – jest ugotowany!

DUCH

Wcielenie uniwersalne. Tę postać przybiera większość umarlaków, które są na tyle lekkomyślne, by straszyć Scooby'ego i Kudłatego. Wiadomo przecież, że detektywi w panicznym biegu wycofają się na z góry upatrzoną pozycję i zdemaskują przestępcę.

Na każdym portrecie ukryła się jakaś literka. Znajdź ją i wpisz do odpowiedniej kratki, a dowiesz się, jakiego potwora najbardziej nie lubi Kudłaty.

1.	2.	3.	4.	5.	6.	7.

Rozwiązanie: Drakula.

MAMY SPRAWĘ!

ZŁAP ZŁODZIEJA

Czarownica pogrążyła się w rozpaczy. Ktoś jej podprowadził turbomiotłę! I jak wiedźma teraz poleci na Łysą Górę?! Przyjrzyj się obrazkowi, namierz podejrzanych i wskaż niecnego przestępcę. Jak? Odpowiadając na pytania z sąsiedniej strony i eliminując potencjalnych sprawców.

Na co latająca miotła komuś, kto nie ma ciała, żeby je na niej usadzić? Wykreśl zatem podejrzanych bez skóry i kości.

Na miejscu zdarzenia nie znaleziono śladów białego futra. Czy już wiesz, kto znika z listy podejrzanych?

Winowajca lubi zieleń. Wykreśl podejrzanych, przy których nie ma żadnej rośliny.

Do czego może służyć miotła, jeśli nie do latania? Do sprzątania. Zapewne w tym celu użył jej nasz przestępca. Wykreśl więc tego podejrzanego, który ma wokół siebie niezły śmietnik.

Czy już wiesz, kto ma miotłę czarownicy?

Rozwiązanie: Drakula.

...ZNALAZŁEŚ JUŻ TĘ DROGĘ NA MAPIE, KUDŁATY?
MAP
PRACUJĘ NAD TYM, FRED. NIECH NO SPOJRZĘ...
...JESTEŚMY W STANIE WYOMING.
TAK?
HEJ!
RETY, CO TO?
SKĄD ONI SIĘ TU WZIĘLI?
WITAMY W
VLADSBURGU
TU HĄSAŁ BARON VON ADERLASS
RATUNKU!

SZYBKO, KUDŁATY, TRZEBA MU POMÓC!
HĘ?!
CZY MOGĘ MU JAKOŚ POMÓC... Z TEGO MIEJSCA?
PRZEPRASZAM PANA, ALE TO NIE JEST...
NIE DOTY-KAJ MNIE, ŚMIERTEL-NIKU!
RETY!
ZA DUŻO LUDZI! BĘDĘ MUSIAŁ ZJEŚĆ NA MIEŚCIE!
CO TO ZA HAŁAS?
DLACZEGO SIĘ ZATRZYMALIŚMY?
DZIĘKUJĘ WAM, URATOWALIŚCIE MNIE!
TAK, ALE PRZED KIM?
CIEKAWY TYPEK. WYDAJE MU SIĘ, ŻE JEST... DRAKULĄ?
TO NIE DRAKULA...
...TYLKO BARON VON ADERLASS... STRASZNY WAMPIR Z VLADSBURGA!

WKRÓTCE...
...WIEM, ŻE NIE POWINIENEM BYĆ TAM SAM, ALE GDY WRACAŁEM DO DOMU, ZEPSUŁ MI SIĘ SAMOCHÓD I PADŁA BATERIA W TELEFONIE...
BANK
...WIĘC POSTANOWIŁEM POBIEC. NIE UBIEGŁEM DALEKO, KIEDY TEN... TO COŚ WYSKOCZYŁO ZNIKĄD...
MÓWI PAN, ŻE WYDAJE MU SIĘ, ŻE JEST WAMPIREM?
ON NIE TYLKO TAK MYŚLI. ON NIM JEST!
DZIWI MNIE, ŻE NIGDY NIE SŁYSZELIŚCIE O VLADSBURGU. SWEGO CZASU BYŁO O NAS GŁOŚNO. W LATACH 50. STALIŚMY SIĘ SŁAWNI DZIĘKI BARONOWI VON ADERLASSOWI.
„NIE WIADOMO, JAK BARON TRAFIŁ DO VLADSBURGA W 1952 ROKU. W KRÓTKIM CZASIE UKĄSIŁ TRZYNAŚCIE OSÓB!"
„NIE WIEDZIAŁ, ŻE W KOPALNIACH ROZMIESZCZONO ŁADUNKI WYBUCHOWE, ŻEBY GO ZGŁADZIĆ".
„WRESZCIE MIESZKAŃCOM MIASTA UDAŁO SIĘ ZAGONIĆ GO AŻ DO STARYCH KOPALNI, SKĄD PRÓBOWAŁ UCIEC..."
„SĄDZILIŚMY, ŻE SIĘ UDAŁO..."

CIĄG DALSZY NA STRONIE 32

MAMY SPRAWĘ!

WYTĘŻ WZROK!

Przyjrzyj się dużemu obrazkowi oraz jego fragmentom. Na powiększonych wycinkach dodaliśmy kilka elementów. Znajdź je i wykreśl z klucza, a otrzymasz rozwiązanie.

KLUCZ

K V U E D L Ł M T A

Fragment 1

Fragment 2

Fragment 3

Tu wpisz rozwiązanie.

....

JAK PAN MYŚLI, SZERYFIE, GDZIE BARON PODZIEWAŁ SIĘ PRZEZ TE WSZYSTKIE LATA?
MOŻE BYŁ ZASYPANY W KOPALNI I POTRZEBOWAŁ TYLU LAT, ŻEBY SIĘ ODKOPAĆ...
DO WYNAJĘCIA
NIE! NIE! RATUNKU!
SPRZEDAM
PROSZĘ SIĘ O NAS NIE MARTWIĆ, SZERYFIE!
NIE RUSZAJCIE SIĘ STĄD!
MÓW ZA SIEBIE, FRED!
TO ON!
TY POTWORZE! PUŚĆ JĄ, BO BĘDĘ STRZELAŁ!
MOŻESZ JĄ ZABRAĆ, JUŻ SIĘ POSILIŁEM...
BLAM BLAM BLAM
HA, HA! TWOJE KULE PRZECHODZĄ PRZEZE MNIE, GŁUPCZE!
...I MOGĘ W WAS WYBIERAĆ, KIEDY TYLKO ZGŁOD-NIEJĘ...
O NIE! TO PANI GICK, BIBLIOTE-KARKA! ZOSTAŁA UKĄSZONA...
...ALE ŻYJE! TRZEBA JĄ ZABRAĆ DO SZPITALA! SZYBKO!
DAJCIE ZNAĆ, GDYBYŚCIE POTRZEBO-WALI WIĘCEJ DOWODÓW NA TO, ŻE WE VLADSBURGU GRASUJE WAMPIR!

NASTĘPNEGO DNIA, KIEDY CIEMNOŚĆ ZAKRYŁA VLADSBURG...
NIE WIERZĘ WŁASNYM OCZOM!
JAK TO MOŻLIWE?
MOŻE POWINNIŚMY DO KOGOŚ ZADZWONIĆ?
CITY · HALL
NIBY DO KOGO? WYGLĄDA NA TO, ŻE WSZYSCY JUŻ TU SĄ!
CZULIŚMY SIĘ W OBOWIĄZKU OSTRZEC PRZED BARONEM. NIEKTÓRZY DZIENNIKARZE WIDOCZNIE ZWĘSZYLI SENSACJĘ.
TO STARY DOKTOR RIPLEY! BYŁ MŁODYM LEKARZEM, KIEDY BARON POJAWIŁ SIĘ PO RAZ PIERWSZY.
...ŚLADY KŁÓW POCHODZIŁY OD TEGO SAMEGO OSOBNIKA, KTÓRY NASTĘPNIE WYPIJAŁ KREW SWYCH OFIAR.
DOKTORZE, TO JEDEN Z TYCH MŁODYCH LUDZI, KTÓRZY OCALILI MI WCZORAJ ŻYCIE.
NIE DO WIARY, ŻE TEN POTWÓR WRÓCIŁ.
PRZYNAJMNIEJ TYM RAZEM NIE MA OFIAR ŚMIERTELNYCH...
NA RAZIE! PAMIĘTAJMY, ŻE JUŻ RAZ WAMPIR ZNISZCZYŁ TO MIASTO!
TO PRAWDA! ALE DZIĘKI TEMU STAŁO SIĘ PÓŹNIEJ ATRAKCJĄ TURYSTYCZNĄ!

TO BYŁO DAWNO TEMU I LUDZIE ZDĄŻYLI ZAPOMNIEĆ O VLADSBURGU. ALE NIE BARON! PRZEPRASZAM – MUSZĘ SIĘ ZAJĄĆ OFIARAMI!
RIPLEY
CZY MACIE JAKIŚ PROBLEM?
ŻADNEGO.
TYMCZASEM...
MÓWIŁEŚ, ŻE TO WEJŚCIE NA ZAPLECZE CUKIERNI, SCOOBY.
MÓWIŁEM!
NIE! NIE MOŻESZ WEJŚĆ – PRZESTAŃ! RATUNKU!
KTO TAK KRZYCZY?! HA... TO TEN WAMPIR!
M-MUSIMY COŚ ZROBIĆ... R-RACJA, SCOOBY?
CZY TY ZAWSZE MUSISZ SIĘ ZE MNĄ ZGADZAĆ?
RACJA!
RETY... NIETOPERZ?!
A NIECH MNIE! BARON GO UGRYZŁ, ZMIENIŁ SIĘ W NIETOPERZA I UCIEKŁ!
NIECZYNNE
PÓŹNIEJ...
ANI ŚLADU WAMPIRA!
WIESZ, CZEGO JESZCZE NIE WIDZĘ? SKLEPÓW!

POWIEDZ, ŻE ŻARTUJESZ, DAPHNE! CI LUDZIE TO CHODZĄCY BANK KRWI, A TY SIĘ MARTWISZ ZAKUPAMI?!
CHODZI MI TYLKO O TO, W JAKIM STANIE JEST TUTEJSZA GOSPODARKA, SKORO SKLEPY SĄ PUSTE.
KTO BY CHCIAŁ MIESZKAĆ W TAKIM MIEJSCU?
TO CHYBA... RETY!
RATUNKU!
SPOKOJNIE, TRZYMAMY PANIĄ, JUŻ DOBRZE!
WCIĄGNĄŁ MNIE W CIEMNY ZAUŁEK... NIE WIEM, JAK UDAŁO MI SIĘ UCIEC...
KOLEJNA MIESZKANKA VLADSBURGA ZAATAKOWANA PRZEZ BARONA!
KTÓRA TO JUŻ OSOBA?
JEST ICH ZBYT WIELE, ŻEBY TO BYŁ PRZYPADEK!
PRZYJACIELE WYMIENIAJĄ SIĘ SPOSTRZEŻENIAMI...
...WIĘC WSZYSCY SIĘ ZGADZAMY?
JA NIE! JESTEM ZA SCHOWANIEM SIĘ!
JEŚLI VELMA MA RACJĘ, NIE MUSIMY SIĘ OBAWIAĆ WAMPIRA!
ALE JEŚLI SIĘ MYLI, BĘDZIEMY JUTRO GŁÓWNYM DANIEM!

MIASTO WAMPIRÓW ZAPRASZA
WITAMY WE VLADSBURGU!
WIADOMOŚĆ SZYBKO SIĘ ROZCHODZI I SETKI TURYSTÓW ŚCIĄGAJĄ DO VLADSBURGA W NADZIEI NA UJRZENIE WAMPIRA...
...NIEKTÓRZY WIELE RYZYKUJĄ, POZOSTAJĄC NA ZEWNĄTRZ PO ZMROKU!
ZAPŁACISZ ZA SWOJĄ ZUCHWAŁOŚĆ, ŚMIERTELNIKU!
WAMPIR...
...A MOŻE GO TYLKO UDAJESZ DLA TELEWIZJI?
HEJ! PRZECIEŻ TY... ZARAZ! TY NIE JESTEŚ LANDISEM!
NIE, A TY NIE JESTEŚ WAMPIREM!
DO DIASKA!
COŚ NIE TAK? SMAKUJĄ CI TYLKO MIESZKAŃCY VLADSBURGA?
UCIEKA NAM!
JEŚLI JEGO KŁY SĄ SZTUCZNE, TO JAK KĄSAŁ LUDZI?
NIE KĄSAŁ! VELMA ZAUWAŻYŁA, ŻE OMIJAŁ OBCYCH I ATAKOWAŁ TYLKO MIESZKAŃCÓW...

...I TYLKO NA OCZACH PRZYBYSZÓW TAKICH JAK MY!
WSZYSCY BYLI ZABIERANI DO SZPITALA, ZANIM ZDĄŻYLIŚMY SIĘ PRZYJRZEĆ TYM TAK ZWANYM UKĄSZENIOM.
A-ALE SAM WIDZIAŁEM, JAK BARON ZAATAKOWAŁ TEGO CZŁOWIEKA, A POTEM ODLECIAŁ JAKO NIETOPERZ!
PO PIERWSZE, PRAWDZIWE WAMPIRY NIE MOGĄ WEJŚĆ DO CZYJEGOŚ DOMU, O ILE SIĘ ICH NIE ZAPROSI...
...I NIE WIDZIAŁEŚ, JAK ZMIENIA SIĘ W NIETOPERZA, PRAWDA?
ZARAZ, ZARAZ! WIĘC TO OSZUST? ALE DLACZEGO OSZUKUJE... I JAK?
MIAŁ WIELU POMOCNIKÓW, KUDŁATY...
...PRAKTYCZNIE CAŁE MIASTO... A WSZYSTKO PO TO, BY ZWABIĆ TURYSTÓW!
ODKRYLI, CO TU SIĘ DZIEJE, SZERYFIE! MUSIMY...
PRZYPROWADZIŁEŚ ICH DO NAS!
CHCIELIŚMY TYLKO, ŻEBY MIASTO ZNOWU BYŁO SŁAWNE I ŻEBY TURYŚCI WRÓCILI!
PRÓBOWALIŚMY RATOWAĆ MIASTO! VLADSBURG OD LAT UMIERAŁ.
MOŻE PO PROSTU POWINNI WYBUDOWAĆ PARK ROZRYWKI!
SZŁO DOBRZE, DOPÓKI NIE POJAWIŁY SIĘ TE WŚCIBSKIE DZIECIAKI!
PRESS
KONIEC

MAMY SPRAWĘ!

KOMIKSOWE WYZWANIE

Sprawdź swoją pamięć komiksową.

1. WYPISZ TRZY ELEMENTY, KTÓRE DODALIŚMY DO TEJ SCENKI.

1. ....

2. ....

3. ....

2. CZEGO PRZESTRASZYŁ SIĘ KUDŁATY?

3. CO FRED TRZYMAŁ W DŁONI?

4. CZYJ PORTRET POKAZAŁ SZERYF?

5. CO POWIEDZIAŁ KUDŁATY?

RETY! CO TO?

RATUNKU!

PATRZ, GDZIE JEDZIESZ!

6. ZNAJDŹ 5 SZCZEGÓŁÓW, KTÓRE ZMIENILIŚMY NA TYM OBRAZKU.

POSTAW ZNACZEK, GDY ZNAJDZIESZ RÓŻNICĘ. V

KLĄTWA OGOPOGO

AUTOR: SCOTT GROSS KOLOR: WILDSTORM FX

OTO NASZ DOM NA NAJBLIŻSZY TYDZIEŃ.
CHŁOPAKI, PRZYNIEŚCIE DREWNA NA OPAŁ, ŻEBYM MOGŁA PRZYGOTOWAĆ FASOLKĘ NA OBIAD.
FASOLKĘ?
SPOKOJNIE! W TORBIE MAM DLA CIEBIE SCOOBY--CHRUPKI.
RRAAAAWWRRR!
RETY?!
KUDŁATY, TORBA!
ZAPOMNIJ O CHRUPKACH, W NOGI!

MÓWIĘ WAM! OGROMNY POTWÓR WYNURZYŁ SIĘ Z JEZIORA I ŚCIGAŁ NAS PRZEZ LAS.
OGROMNY!
MIAŁ DŁUGĄ SZYJĘ...
DŁUGĄ!
ŚWIECĄCE OCZY.
ŚWIECĄCE!
WASZA HISTORIA NIE TRZYMA SIĘ KUPY.
COŚ TAK WIELKIEGO MUSIAŁO ZOSTAWIĆ JAKIEŚ ŚLADY.
JEŚLI JEST TU POTWÓR, TO NA PEWNO GO ZNAJDZIEMY!

KUDŁATY, ALE JESTEŚ PEWIEN, ŻE GO WIDZIAŁEŚ?
GDYBY W JEZIORZE BYŁ JAKIŚ POTWÓR, JUŻ BYŚMY GO ZOBACZYLI.
WIELKA STOPA, CHUPACABRA, CZY DRAKULA... WSZYSTKIE TE HISTORIE TO ZWYKŁA...
...BUJDA?
AAAAAJJJ!
SPLASH
TYLKO NIC NIE MÓW, SCOOBY.
A NIE MÓWIŁEM!

NIE WIERZYLIŚMY, DOPÓKI NIE PRZEWRÓCIŁ NASZEJ ŁODZI.
Z WODY WYŁONIŁO SIĘ COŚ OGROMNEGO – ALBO WĄŻ, ALBO DUCH...
TO NIE BYŁ ŻADEN DUCH, LECZ OGOPOGO!
BAIT
X-ING
OGOPOGO?!
OGOPOGO
MATKĄ OGOPOGO BYŁA KROKODYLICA, A OJCEM WIELORYB. DLATEGO MA MAŁĄ GŁOWĘ I DUŻE CIELSKO.
TO OGROMNY WĄŻ, ZWANY N'HA-A-ITK, Z LEGEND INDIAN OKANAGAN. MIESZKA W PODWODNEJ JASKINI, NIEOPODAL WYSPY GRZECHOTNIKÓW.
OD CZASU DO CZASU JEST WIDYWANY PRZEZ TURYSTÓW, KTÓRZY BIWAKUJĄ NA PLAŻY.
OATS
KILKA RAZY NAWET GO SFILMOWANO!
W 1989 ROKU SPRZEDAWCA SAMOCHODÓW KEN CHAPLIN UCHWYCIŁ COŚ, CO PŁYWAŁO PO JEZIORZE I WYGLĄDAŁO NA WIELKIEGO WĘŻA.
NO NIE WIEM... MNIE PRZYPOMINA BOBRA.
TO NIE BÓBR! OGOPOGO TO PLE-ZJOZAUR. OGROMNY MIĘSOŻERNY GAD WODNY WYSTĘPUJĄCY W MEZOZOIKU.
TO JUŻ WSZYSTKO JASNE, PRAWDA, SCOOB?
JEDŹCIE NAD JEZIORO, A MY POSZUKAMY HOTELU Z WYŻYWIENIEM.
RACJA! Z WYŻYWIENIEM!

CIĄG DALSZY NA STRONIE 48

Z akt tajemniczej spółki

NIEZNANE FAKTY

Kim mieli być bohaterowie kreskówki? Autorzy serialu rozważali różne pomysły...

ORYGINALNE IMIONA

Na początku detektywi mieli nosić imiona różne od tych, pod którymi ich znamy. Sprawdź jakie.

CZYM MIELI SIĘ ZAJMOWAĆ DETEKTYWI?

Tylko jeden fragment pasuje do obrazka. Wskaż go i przeczytaj zapisany na nim zawód. Tę profesję mieli wykonywać detektywi z Tajemniczej Spółki.

TAJEMNICA WEHIKUŁU TAJEMNIC

Pierwotnie Wehikuł Tajemnic nazywał się **Mystery Kids**. Kto go przemalował? Przyjrzyj się potworom i wykreśl litery, na które zaczynają się ich imiona. W ten sposób dowiesz się całej prawdy!

MKYZFRYKMZEMWYKWDYWZ

Rozwiązania:
Oryginalne imiona: Fred – Ronnie, Scooby – Too Much, Velma – Linda, Daphne – Kelly, Kudłaty – W.W.; Czym mieli się zajmować detektywi: B; Tajemnica Wehikułu Tajemnic: Fred.

JA Z DAPHNE WYPŁYNIEMY NA JEZIORO I SPRÓBUJEMY WYWABIĆ OGOPOGO Z KRYJÓWKI.
KIEDY SIĘ POKAŻE, PODPŁYNIECIE Z TYŁU I ZOBACZYMY, KTO ZA TYM STOI!
RRAAWR
SPLASH
RETY, FRED... POTWÓR JEST TUŻ ZA NAMI!
WIOSŁUJĘ, WIOSŁUJĘ!
TAK PODEJRZEWAŁAM... NA METALOWYM SZKIELECIE ROZPIĘTA JEST PLASTIKOWA POWŁOKA.
ŁUPNIAK NA SZCZĘŚCIE!
ŁUP
GŁOWA OGOPOGO JEST ZROBIONA ZE STAREGO SAMOCHODU!
A OCZY Z REFLEKTORÓW!

PATRZCIE... OGOPOGO ZAWRACA W KIERUNKU BAZY JEDNEJ Z FIRM.
ZA NIM!
CHYBA MAMY ROZWIĄZANIE NASZEJ ZAGADKI.
TO MUSI BYĆ MIEJSCÓWKA OGOPOGO.
TE DŹWIGI SŁUŻĄ DO PRZENOSZENIA BALI DREWNA.
KTOŚ JE OWINĄŁ PLASTIKOWĄ PŁACHTĄ, A NA CZUBKU ZATKNĄŁ STARY SAMOCHÓD.
I TAK STWORZYŁ POTWORA!
WIDZIAŁEŚ? PŁYNĘŁY ZA NAMI JAKIEŚ DZIECIAKI!
ZARAZ NAPĘDZIMY IM STRACHA.
NIE TAK SZYBKO, PANOWIE!
SNAP
UŚMIECH PROSZĘ!
NARESZCIE MAMY WYRAŹNE ZDJĘCIE OGOPOGO!
SNAP
SNAP
POWIEDZCIE „CHEESE".

DZIĘKUJĘ W IMIENIU KANADYJSKIEGO RZĄDU.
OGOPOGO NALEŻY DO LOKALNEGO FOLKLORU. PRZEZ LATA JEGO LEGENDA PRZYCIĄGAŁA TŁUMY TURYSTÓW NAD BRZEGI JEZIORA OKANAGAN.
ALE ODKĄD ZACZĄŁ STRASZYĆ TEN POTWÓR, LUDZIE PRZESTALI TU PRZYJEŻDŻAĆ.
PRZESTĘPCY MYŚLELI, ŻE JEŚLI WYSTRASZĄ WCZASOWICZÓW, UPADNIE TURYSTYKA, CO ZMUSI RZĄD DO SPRZEDAŻY ZIEMI.
I UDAŁOBY NAM SIĘ, GDYBY NIE...
...WIEMY, WIEMY.

NASTĘPNEGO DNIA...
CHYBA ZGODZICIE SIĘ, ŻE TA ZAGADKA BYŁA BANALNIE PROSTA!
JAKA ZAGADKA? NIGDY NIE UWIERZYLIŚMY W OGOPOGO.
TYLKO NAIWNI TURYŚCI MOGLI DAĆ SIĘ NABRAĆ NA TAKĄ BAJKĘ, RACJA, SCOOB?
ZAGADKA WPADKA...
SNAP
HA HA HA
HA HA
HA HA
KONIEC

MAMY SPRAWĘ!

STRASZNY LABIRYNT

Tajemnicza Spółka tropi szajkę złodziei. Przeprowadź detektywów przez labirynt i sprawdź, które z przedmiotów znaleźli po drodze.

WYJŚCIE
SCOOBY
CHRUPKI

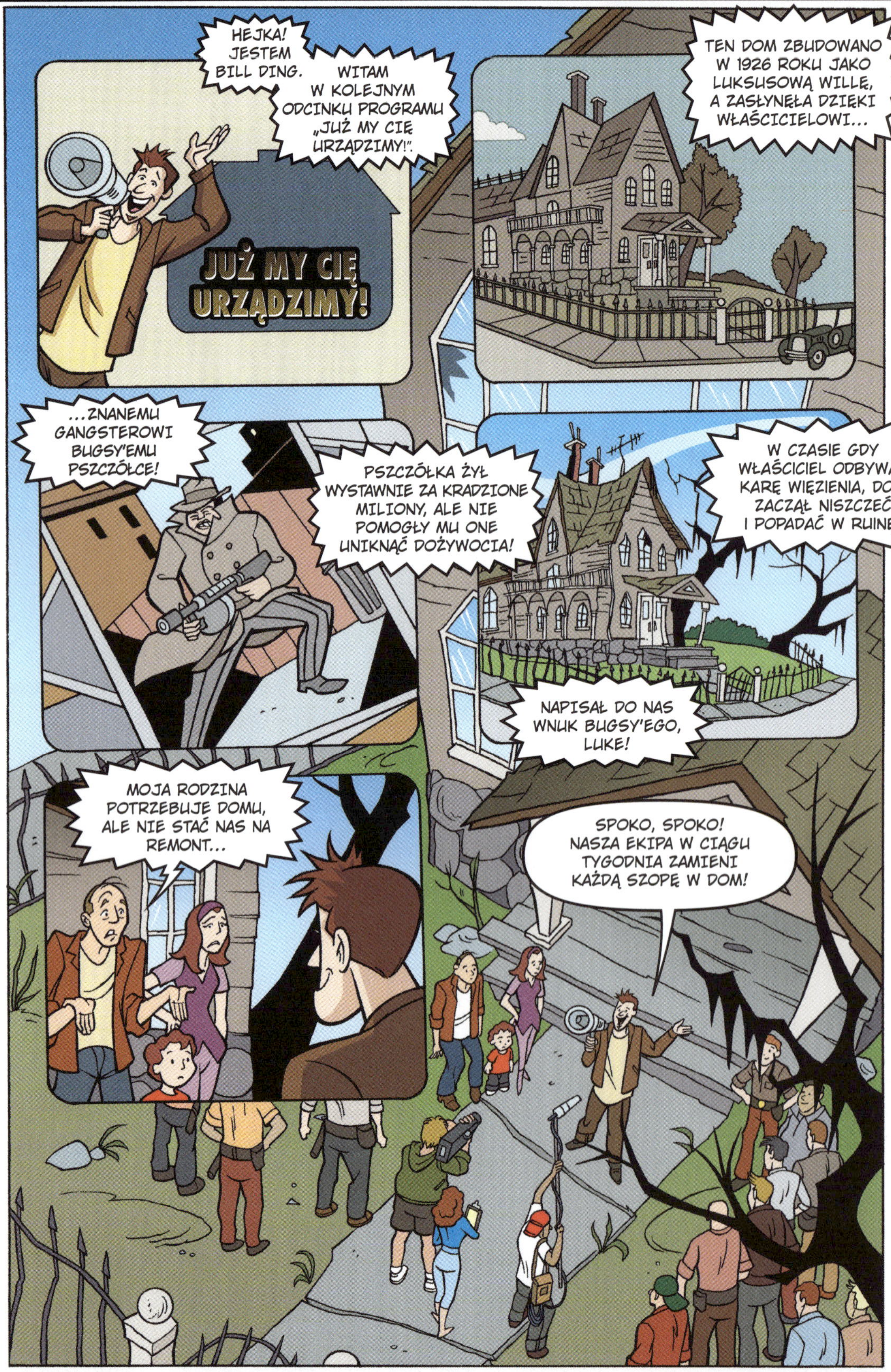
HEJKA! JESTEM BILL DING.
WITAM W KOLEJNYM ODCINKU PROGRAMU „JUŻ MY CIĘ URZĄDZIMY!".
JUŻ MY CIĘ URZĄDZIMY!
TEN DOM ZBUDOWANO W 1926 ROKU JAKO LUKSUSOWĄ WILLĘ, A ZASŁYNĘŁA DZIĘKI WŁAŚCICIELOWI...
...ZNANEMU GANGSTEROWI BUGSY'EMU PSZCZÓŁCE!
PSZCZÓŁKA ŻYŁ WYSTAWNIE ZA KRADZIONE MILIONY, ALE NIE POMOGŁY MU ONE UNIKNĄĆ DOŻYWOCIA!
W CZASIE GDY WŁAŚCICIEL ODBYWAŁ KARĘ WIĘZIENIA, DOM ZACZĄŁ NISZCZEĆ I POPADAĆ W RUINĘ.
NAPISAŁ DO NAS WNUK BUGSY'EGO, LUKE!
MOJA RODZINA POTRZEBUJE DOMU, ALE NIE STAĆ NAS NA REMONT...
SPOKO, SPOKO! NASZA EKIPA W CIĄGU TYGODNIA ZAMIENI KAŻDĄ SZOPĘ W DOM!

NA PIERWSZY RZUT OKA SPRAWA WYGLĄDA BEZNADZIEJNIE...
...ALE WIDZIAŁEM JUŻ SETKI DOMÓW I TEN NIE JEST...
MUSISZ ZMIENIĆ PLANY, SYNKU! ALBO CI W TYM POMOGĘ! ZROZUMIANO?
JAAAAAAAAU!
TO DUCH BUGSY'EGO PSZCZÓŁKI!
NAWIEDZONY DOM
SHOLLY FISH
SCENARIUSZ
SCOTT JERALDS
SZKIC
JEFF ALBRECHT
TUSZ
HEROIC AGE
KOLOR
MIKE SELLERS
TYPOGRAFIA
AGATA HAJPEL
TŁUMACZENIE

WKRÓTCE...
KIEDY POJAWIŁ SIĘ DUCH, MOJA EKIPA UCIEKŁA... CAŁA TRZYDZIESTKA!
PODOBNO ZWIĄZKI ZAWODOWE NIE TOLERUJĄ DUCHÓW, CZY COŚ W TYM STYLU.
NIE MOŻE PAN WYNAJĄĆ INNEJ EKIPY?
WIEŚĆ SZYBKO SIĘ ROZESZŁA I MAM TYLKO TYCH DWÓCH LUDZI!
A PANOWIE SIĘ NIE BOJĄ DUCHÓW?
DUCHY PODPUCHY. NIE MAM CZASU NA BZDURY.
NIE ODPUSZCZĘ SOBIE DEBIUTU W TELEWIZJI.
TERAZ REMONT PEWNIE SIĘ PRZEDŁUŻY.
WYKLUCZONE! NASZA EKIPA W CIĄGU TYGODNIA ZAMIENI KAŻDĄ SZOPĘ W DOM!
GWARANTUJEMY TO!
HMM... WOBEC TEGO WIEM, GDZIE ZNAJDZIE PAN NOWĄ EKIPĘ...

CIĄG DALSZY NA STRONIE 60

MAMY SPRAWĘ!

NAWIEDZONA CHATA

Jak tu potwornie i duszno! Trzeba ten domek przewietrzyć. Ale najpierw pomóż Tajemniczej Spółce wyłapać wszystkie strachy!

PODEJRZANE

Velma przez dziurkę od klucza zajrzała do środka. Dopasuj to, co zobaczyła, do odpowiedniego potwora.

SPOD WYCIERACZKI

Fred znalazł pęk kluczy, tylko którym otworzy drzwi do posiadłości?

WSKAZÓWKI

1. Zaczynając od żółtego klucza, policz do 9 i odrzuć klucz, na który wypadnie.
2. Tych drzwi nie otworzy niebieski klucz.
3. Nie przyda ci się klucz z pająkiem.

NIEZŁY PATENT

Detektywi postanowili przestraszyć strachy. Poprzebierali się tak, że tylko rodzony fan może ich poznać. Zatem do dzieła!

Rozwiązania: Podejrzane: 1a, 2c, 3b; Spod wycieraczki: zielony klucz z kokardą; Niezły patent: 1. Velma, 2. Daphne, 3. Fred, 4. Kudłaty, 5. Scooby.

UFF! CHYBA GO ZGUBILIŚMY!
CHYBA JESTEŚMY...
...BIALI!
TRAACH!
NO, NIE! POPATRZ NA NAS!
CALI BIALI JAK DUCHY!
RETY!
CO, U...?
DUCHY WRÓCIŁY!
KTO? MY?
DORWĘ JE!
UCIEKAJMY!
FILMUJCIE MOJĄ HEROICZNĄ POGOŃ ZA DUCHAMI!
I KRĘĆCIE PRAWY PROFIL!
ŚLADY.
GDYBY REMONTY SZŁY IM TAK DOBRZE JAK ROZWIĄZYWANIE ZAGADEK.

JUŻ PRAWIE TRZYMA...
JESZCZE JEDEN OBRÓT...
NIE JESTEŚCIE DUCHAMI! WIĘC KIM? DUBLERAMI?
RETY, RETY, RETY!
DUUUUCH!
KUDŁATY, POCZEKAJ!

NIEJASNO SIĘ WYRAZIŁEM?!
UM... MOŻEMY SIĘ DOGADAĆ CO DO WYSTROJU WNĘTRZA!
KUDŁATY! SCOOBY! UWAŻAJCIE...
ŁUUUP!
...EEEE!
OSTROŻNIE, NIE JESTEM CZŁOWIEKIEM...
TRACH
OOF!
...GUMĄ!
HĘ?
CZY WIDZISZ TO CO JA?
TO NASZ „BUGSY" BERT...
...JEDYNA OSOBA, KTÓREJ NIE MINĘLIŚMY PODCZAS UCIECZKI!
CHODZIŁO MI O TO, CO MA ZA PLECAMI.
RETY! NIC DZIWNEGO, ŻE NIE CHCIAŁ BURZYĆ ŚCIAN!
TO TUTAJ BUGSY URZĄDZIŁ SWÓJ SKARBIEC.

DWA DNI PÓŹNIEJ...
WITAMY PONOWNIE W „JUŻ MY CIĘ URZĄDZIMY!".
JUŻ MY CIĘ URZĄDZIMY!
TO SPECJALNE WYDANIE, DZIĘKI DUCHOWI, KTÓRY MIAŁ CHRAPKĘ NA MAJĄTEK BUGSY'EGO.
ALE EKIPA „JUŻ MY CIĘ URZĄDZIMY!" W CIĄGU TYGODNIA ZAMIENI KAŻDĄ SZOPĘ W DOM!
GWARANTUJEMY!
LUKE... OTO TWÓJ NOWY DOM!
OCH!
I COŚ JESZCZE! POLICJA ZWRÓCIŁA PIENIĄDZE WŁAŚCICIELOM, ALE CO NIECO ZOSTAŁO.
JAKO WNUKOWI BUGSY'EGO... NALEŻY SIĘ TOBIE!
NIEWIARYGODNE! TO FORTUNA! NIE MOŻEMY TEGO PRZYJĄĆ!
ALEŻ MOŻECIE, MOŻECIE.
TO PROPOZYCJA NIE DO ODRZUCENIA!
KAPUJESZ?
SYNKU!
KONIEC